諷詩調詩集 · 468

언어의 투창·비수·방아쇠로 감행한
시의 복수 · 16

박진환 제516시집

지성.감성의 메타언어
조선문학사시인선.969

諷詩調詩集 · 468

언어의 투창 · 비수 · 방아쇠로 감행한
시의 복수 · 16

조선문학사

■ 책머리에

　시집 500권 출간 후 천천히 여유를 누리면서 쓰고 싶었고 또 그렇게 다짐했는데 욕심이랄까, 내친김에랄까, 씌어진 대로 더 묶어내기로 했다.
　시집 제목을 『언어의 투창·비수·방아쇠로 감행한 시의 복수』로 정했다.
　시하면 정서적 환기와 함께 묵시적 이미지가 제시돼야 하는데 시집 제목이 환기시키는 이미지는 투창이니, 비수니, 방아쇠니, 복수니로 악마적 이미지가 제시됐다.
　이러한 악마적 이미지의 동원은 기실 개선의 의도나 악의 교정을 위해 선에 이바지하기 위해 감행한 복수이므로 시쳇말로 다다익선, 많을수록 선에 이바지하는 것이 되어 사회적으로 유용한 것이 된다고 보고 또 믿고 있기 때문이다.
　시의 복수가 악의 교정과 선에의 이바지를 배후에 지니고 있듯이 시의 복수는 외견상 악마적 이미지를 제시했지만 그 배후에는 선에의 이미지가 들어 있다.
　시는 '무엇을 쓸 것인가에 선행, 무엇을 '어떻게 드러낼 것인가를 중시, 시법이 요구하는 여러 레토릭을 동원했다. 그중에서도 형이상시법인 컨시트·양극화·편·원인적 비유·순수한 통징 등을 주로 구사했다. 기존의 레토릭에 관심, 시에 접근해 보면 타성으로 쓴 시와는 확연히 이질성이 드러날 것으로 본다. 그래서 친숙성이 배제돼 매우 생경한 비친숙성의 것들이 전진 배치되었음을 알 수 있을 것이다.

풍시조는 정신 본질인 컨시트와 함께 '순수한 통징'을 표현 본질로 하는 언어미학이다. 이에 충실하고자 했고, 이에서 출발시킨 시가 풍시조라는 점을 밝혀둔다.

2025년 초춘
저자 쓰다

박진환 제516시집 / 諷詩調詩集 · 468

시의 복수 · 16

차례

책머리에 / 5

2025년 1월 21일
크다고 하데 / 13

더 나을 듯 / 14

하치(下治) / 15

F 둘이면? / 16

골칫거리란 뜻 / 17

법 위의 해석? / 18

안 꺼냈어야 / 19

지금의 배는 됐을걸 / 20

잘해 / 21

제거해야 / 22

코리아 / 23

답해야 할 판 / 24

뭐가 달라서 / 25

일쑤여서 / 26

귀 열릴지 / 27
그래서는 안 되고 / 28
우리 차지가 못 돼서 / 29
증언뿐 / 30

2025년 1월 22일
나오겠지만 / 31
주특기여서 / 32
결제했을까? / 33
빼도 박도 못할 판 / 34
하셔야죠 / 35
"잘됐지 뭐" / 36
가리던가 / 37
똥 같이 싸 가버리면 / 38
잘못 찍은 죄밖에 없다고 / 39
하나도 못 지닌 듯 / 40
돼서 / 41
병이라도 있어야 / 42
곳이어서 / 43
반복 / 44
번복 못해 / 45
그걸 알아야 / 46
주어여서 / 47

가물가물 / 48
번쩍 / 49
후자일 듯싶어서 / 50
다르지 않을 듯싶데만 / 51
달아나 버려서 / 52
현실상 / 53
누워서 떡 먹기지 / 54
발길질 못 하겠나 / 55
변이라고 다르겠나 / 56
돼지 / 57
비웃음 백 년은 갈 듯 / 58
만사무석(萬死無惜)이어서 / 59
집단이어서 / 60
귀 열고 들어야 / 61
낙제생 못 면할 수도 / 62
폭거만 있지 / 63
이래도 경고용 계엄이여 / 64
거둘랑가 / 65
따로 있어서 / 66
그래서 듣는 거지 / 67
불신의 산물이어서 / 68
우등생 대접은 해줘야 / 69
큰 병이라던데 / 70

화가 탄생시켰데 / 71
칭찬일 듯싶어서 / 72

2025년 1월 23일
고착증이어서 / 73
아니었는지 / 74
보여 줄랑가? / 75
각자도생 / 76
곁들였을 듯 / 77
대명사 같아서 / 78
잘 노는 집단이어서 / 79
같았을 것 같아서 / 80
히히 자가당착 / 81
헌신짝만도 못하게 돼서 / 82
구린 말도 들으셨을 듯 / 83
실례하셨어 / 84
골이란 게 옛말론 골(榾)이어서 / 85
납작코 못 면한 건가 / 86
고개 뻣뻣 / 87
구제불능이다 / 88
천치·바보들도 있어서 / 89
코리아여서 / 90
늘어났을 것 같아서 / 91

양심의 승리인 것을 / 92

2025년 1월 24일

이현령비현령 안 했나 / 93

이리 피하고 저리 피해서 / 94

국민 요구여서 / 95

생물이거든 / 96

엇박자도 걸러내거든 / 97

죄다(罪多)로 판결해서 / 98

귀 번쩍 / 99

구린내 풍기기 마련이어서 / 100

말씀 '폭동' / 101

법 모르면 그래 / 102

10년이면 긴 세월인데 / 103

있고 ??? / 104

화살표 향방 결정 / 105

군사력 지녀서 / 106

같지 않을지 / 107

잠꼬대여 / 108

거 불복종 아니오 / 109

신명을 부담으로 느끼셔야 / 110

그게 미 우선주의여 / 111

구화투신 같아서 / 112

- 시집 평설을 대신해서_諷詩調에 대한 사계의 견해

　　　　　　三行詩의 안팎_문덕수 / 113
知的調律에 의한 시 意味의 密度와 結晶度_성찬경 / 122
　　　　　諷詩調의 깃발과 風向_김용직 / 128
　　　박진환의 3행 '諷詩調'에 대하여_최원규 / 131
　　　　　　　　풍시조 읽기_문효치 / 136
　　諷詩調에 나타난 형이상시법의 수사법_최규철 / 140

2025년 1월 21일

크다고 하데

떳떳하면 불응보다 당당히 나서 해명해야 헌데
모든 게 사실로 드러나서 응하는 것이 차라리 변명
궤변·헛소리·잠꼬대 될 확률이 크다고 하데

더 나을 듯

외롭겠다, 변호인 외엔 와이프도, 경호처장도, 그 누구도 접견불가
조치, 허긴 만나봤자 무슨 도움이 되겠나, 만나봤자 빠져나갈 모의
말고 다른 것 있겠나, 그보다는 조용히 참회시간 가지심이 더 나을듯

하치(下治)여서

법치 부정 땐 '나라 존립불가, 대법관 전원의 강도 높은 비판
언제는 법치 있었던가, 도치부치로 시행령, 거부권밖에
더 있었던가, 법치는 상치, 도치부치는 하치(下治)여서

F 둘이면?

트럼프 2기 개막, 한반도 정세 격랑 속, 트럼프, 윤석열
두 격랑, 안 그래도 고해 못 면한 국민들은 두 격랑에 끼어
FF 숨 차오르는데 F란 게 낙제점, F 둘이면?

골칫거리란 뜻

전광훈이란 위인 있어 하는 말 좀 들어보소, "우리가 일어서면 구치소에 있는 대통령도 꺼낼 수 있다"는 궤변인지? 헛소린지? 잠꼬댄지? 셋 다인지? 위인이 ? 네 개 달았으면 골칫거리란 뜻

법 위의 해석?

법원 습격을 '의거'라며 변호사비 모으는 극우, 법에 의거하면
폭도에 해당하는 큰 범죄인데 '의거'라고? 누구 맘대로
대법관 전원일치 '법치 부정'으로 판단하시던데 의거면 법위의 해석?

안 꺼냈어야

윤석열, 체포영장 집행 때 "총 쏠 수 없냐"고 물었다던데, 이에 대한 경호처장 답인즉 "알겠습니다", 뭘 알아, 뭘 알았냐? 체포가 그리 두려웠으면 애시당초 계엄 안 꺼냈어야

지금의 배는 됐을걸

옛분들 말씀에 큰 나무 덕을 본다고 했던데 사람에 빗대면 큰 인물
덕은 보다는 뜻쯤, 윤석열이란 크신 분 덕에 국힘 지지율
상승일로, 진즉에 계엄선포 했었던들 지지율 지금의 배는 됐을걸

잘해

민주당, 여 중진 윤상현 의원 '폭동조작 의혹' 구실 삼아 제명안
제출한다던데 맘대로 해서, 하라 한다고 하고, 말린다고
안 하겠나, 하고 싶은 대로 해, 할 수 있을 때 잘해

제거해야

'구속된 윤석열, 여전히 위험하다' 했던데, 구속 상태에서도
위험인물 낙인이면 구속 전에는 위험 자체였단 뜻 아니던가
위험한 건 제거하는 것이 상책, 상책 상치 삼아 하치 제거해야

코리아

폭동 선동한 전광훈과 유튜버들 즉각 수사 촉구했던데
아직도 안하고 늑장 부리고 있냐? 늑장이 이것뿐인가
이로우면 서둘고 불리하면 늑장 부리는 게 군살 돼버린 코리아

답해야 할 판

'법원 난동'에 '폭도낙인' 말라? 말이여, 소리여, 잠꼬대여
말도 못 돼 소리, 소리도 못 돼 잠꼬대가 집권여당의
주장이라니, 주장은 구속됐고 부주장이 답해야 할 판

뭐가 달라서

구속이 법대로였으면 난동 부렸겠나, 법대로 된 게 없으니
법 무시함이 당연, 그래서 부린 난동을 폭도라니 말이 안 돼, 안 되긴
안 된 것도 되게 하면 되는 세상 난동이나 폭도나 뭐가 달라서

일쑤여서

극우극우 해쌓길래 절친 중의 절친을 두고 한 말인 줄 알았더니
아닌갑데, 대단한 정치 배후 세력을 지칭한 말 같데, 허긴
정치란 게 목적달성 위해서는 깡패도 군사도 앞세우기 일쑤여서

귀 열릴지

극우·극좌 할 것 없고 들리느니 헛소리·잡소리·생소리·깽깽이 소리뿐인 이전투구 진구렁탕이 현실이니 어찌겠나, 그것이 그것 그놈이 그놈, 그 새끼가 그 새끼인걸, 언제나 말씀 있어 귀 열릴지

그래서는 안 되고

온 세계가 트럼프, 트럼프인데 코리아에선 윤석열 윤석열
극과 극의 두 인물이 화두여서, 전자는 지배자, 후자는 수갑자
극과 극은 통한다 했던가, 그럴 것 같진 않네만, 그래서도 안 되고

우리 차지가 못 돼서

올 성장률 전망치 1.6~1.7%로 낮췄다데, 지지율은 오르는데, 왜 경제성장률은 낮아지는지? 오르는 것 있으면 내리는 것도 있기 마련 오르내리기없는 평균율이면 더좋고, 헌데 좋은게 우리차지가 못돼서

증언뿐

헌재 출석 윤석열, 유리한 질문엔 정신 번쩍, 불리한 질문엔
가물가물, 허면 정신이 왔다갔다, 필름 끊겼다 이어졌다
믿을 수 없지, 믿을 수 있는 것은 장관 장성들의 증언뿐

2025년 1월 22일

나오겠지만

헌재 측 계엄 때 국회의원 체포 지시한 적 있는가? 대통령 측 "없다"
있다, 없다면 지시한 쪽과 지시받은 쪽, 어느 한쪽은
거짓말한다, 어느 쪽일까? 정답은 진실 쪽에서 나오겠지만

주특기여서

최상목에 '비상입법기구 쪽지' 묻자, 준 적이 없다며
만든 사람은 김용현 전 장관이 쓴 것이라고 부정, 진실은
어느 쪽일까? 유리한 건 긍정, 불리한 건 부정이 주특기여서

결제했을까?

대통령 최상목에 쪽지 줬다, 받았다, 어느 쪽이 진짜?
헌데 작성은 누가 했던 결정권자가 책임져야, 헌데 안 줬다
거부, 결제 여부가 문제라데, 결제 부총리가 결제했을까?

빼도 박도 못할 판

트럼프 대통령 취임사 첫줄 '미 우선주의', 미국의 이익을 위해서는
동맹이고 나발이고 없다는 말, 어쩐다, 미국서 얻은 것보다
지불할 것이 더 많아지면 빼도 박도 못할 판

하셔야죠

트럼프 재집권 첫날 북한을 핵보유국으로 언급, 뿐인가 국방장관도
같은 말 되풀이, 귀 씻고 기다려도 남녘에 대한 언급을 했다는 말
듣지 못해서, 이러시면 안 됩니다 각하, 사드 생각도 하셔야죠

"잘됐지 뭐"

외면된 건 아닐지, 왕따는 아닐지, 열외 취급은 아닐지
하는 짓 살만한 것 있어야 언급이라도, 상대할 대상도 없으니
말 꺼내지 않는 편이 편하지, 해서 하는 말 "잘됐지 뭐"

가리던가

수인번호 0020 윤석열 아픈데 없다고 진단했다던데, 어디가 아픈가?
교도소 병원 아닌 일반병원행, 아직 진단결과 안 알려진것 보면 무병
헌데 그럴만한 이유있어, 법꾸라지가 어디 맑은물 시궁창물가리던가

똥 같이 싸 가버리면

최상목 쪽지 내용, 수사당국의 것과 내용 다르다던데, 뭐야? 어느 쪽이 진실? 글쎄? 하나는 진실, 하나는 허위, 허위 아니길, 진실이 밝혀져야 하니까, 헌데 거짓과 거짓이 진실 똥 같이 싸 가버리면

잘못 찍은 죄밖에 없다고

공정한 선거로 대통령에 당선돼 놓고 부정선거 운운 왜?
부정 없는 깨끗한 선거로 깨끗한 인물 뽑아야 하니까, 말씀인즉
옳으신데, 정작 국민들은 부정 아닌 잘못 찍은 죄밖에 없다고

하나도 못 지닌 듯

내란 우두머리 혐의 전면부인, 허면 그 하수인들의 잘못?
잘 나가는 인물들 불러들여 계엄 일으켜 놓고 실패하자 죄는
하수인들 몫이라고? 도둑의 덕 성·용·의·인 중 하나도 못 지닌듯

돼서

병원진료 이유 아직 확인 안 됐다던데, 육체적 건강은 모르겠지만
정신적 병은 클 듯, 자신의 죄는 무죄, 법원 판단이 잘못
내란 우두머리가 죄가 없다면 법이 죄 진단을 잘못했다 돼서

병이라도 있어야

뜬금없이 병원 입원, 또 무슨 꼼수 했더니 한 달 전에
주치의가 진단받으라 했다고? 결과는 아직 안 나왔나?
병이 없나? 있는 것이라곤 없으니 병이라도 있어야

곳이어서

구치소란 게 교도소나 감화원 구실보다 어떻게 하면
빠져나갈까를 궁리하는 곳이어서, 이렇게는 저렇게로
저렇게는 이렇게로 빠져나갈 궁리에 도가 트는 곳이어서

반복

윤석열 헌재 나온 이유 '아니오'란 말 하고 싶어서
그도 그럴 것이 유불리에 따라 아니오 그렇소로 답 둔갑
헌데 내가 했소는 없고 책임 전가용 아니오만 반복

번복 못해

반복으론 부족했나, 번복까지, 번복하려다 당했으면
깨우칠만도 한데, 되레 반복에서 번복으로 태도 바꾸는
달인 탄생, 아무리 달인이어도 진실에는 지는 법, 이건 번복 못해

그걸 알아야

충성도 좋지만 진실은 더 중요, 진실 위해서 죽는 것
죽음으로 삶 건져 올리는 일, 충성 위해 죽는 건
타의에 의해 죽는 두 번 죽는 일, 그걸 알아야

주어여서

공수처 윤석열 체포로 이름값 공 세웠어
피의자가 한 수 더 뜨는 법꾸라지에 공수처
시궁창 못 면할 듯, 공수처 거부가 윤 측에게선 주어여서

가물가물

'아니다', '없다' 등 부정사로 일관한 윤석열
그 중간에 어물어물 가물가물, 유리하면 정신 번쩍
불리하면 가물가물, 결론은 정신적 결함, 번쩍번쩍, 가물가물

번쩍

번쩍번쩍, 가물가물 → → → → → → 쭉

→ → → → → → → → →

쭉 딴전, 드디어 헌재가 파면하자 번쩍

후자일 듯싶어서

계엄 정당화에 사활을 건 내란 우두머리
살 길엔 아니다, 죽을 길엔 그렇다, 결론 나왔네
정답은 후자일 듯싶어서

다르지 않을 듯싶데만

법원 습격을 '민주화운동' 운운, 망언 쏟아내는 극우, 이를 두고
민주주의 퇴보, 무규범사회 우려했던데, 민주화운동 망언이나
부정선거 궤변이나 계엄 정당성 헛소리나가 다르지 않을 듯싶데만

달아나 버려서

트럼프, '북한을 핵보유국'으로 언급, 김정은 남녘
내란에 한 번 웃고 핵보유국 언급에 또 한 번 웃고 소문만복래
무망지복도 있다던데 복이란 죄다 외면하고 달아나 버려서

※ 무망지복(毋望之福) : 바라지 아니한 행복.

현실상

윤석열 헌재 재판 마치고 병원행으로, 대기하고 기다리던 공수처만 시쳇말로 '닭 쫓던 개' 돼, 체면 구겨 울상, 반면에 윤 측 '엿이나 먹어라'며 가가대소 했을 두 몰골들 이것이 코리아 현실상

누워서 떡 먹기지

'자유민주주의'란 용어 육법전서에도 민주주의 이론서에도 없는
무슨 뜻인지 불분명한 윤석열의 좌우명, 그런 말도 있었나
없는 것도 만들어내는데 있었던 것 없었다 하기는 누워서 떡 먹기지

발길질 못 하겠나

트럼프 취임사, '미 우선주의', 미국 국익을 위해선 뭐든지 하겠다
그중에 동맹도 버리겠다 들어있을 듯, 동맹만 믿고 쳐다보다
미 우선주의에 밀려 열외나 안 될지, 동맹이라고 발길질 못 하겠나

변이라고 다르겠나

헌재에서 국회 측 "대통령 신속 파면이 무너진 법치주의 회복하는 길" 했던데, 헌재 측도 같은 생각일지? 다를지? 다르기 바라며 태우는 속이나 변이라고 다르겠나

※ 변 : 변(便)으로 읽으면 시커멓게 탄 똥, 변(辯)으로 읽으면 구린 말이라는 일종의 pun.

돼지

윤 지지 집회서 '경찰 폭행한 여성' 체포됐다던데 20~30대 남성만
폭도성 행동 지닌 줄 알았더니 여성도 폭행 저질러, 이를 두고
깡패 짓들이라 하면 안 될랑가? '깡패집단 아니니 돼지

비웃음 백 년은 갈 듯

윤측이 들고나온 '부정선거' 계엄 사유 못된소이, 사실이아니기 때문
헌데 윤측, 사실이고 아니고간에 '의혹'에만 방점찍어 강조, 부정선거
의혹이 계엄 사유라며 '웃겨도 한참'이 아닌 '비웃음 백 년은 갈 듯

만사무석(萬死無惜)이어서

탄핵심판 계속 나오겠다는 윤, 이유 있었어, 전문 분석들
'수사 피하며 헌재 압박 여론전'이 목적, 여론전이란 게
일종의 구명운동, 그리 살고 싶은 것을 지은 죄는 만사무석이어서

집단이어서

'역사부정 앞장선 윤석열·여당, 각종 왜곡 조장·방치'했던데
계엄 찬성 폭력시위가 '민주화운동'이란 시각과 일치, 일치가 이치에
안 맞는 이유나 알고 덤비는지, 폭력·폭행만 아는 집단이어서

귀 열고 들어야

민주당 지지율 하락에 비명계 대안 주자들 '경고음' 키운다데 그도 그럴 것이 지지율 하락이 당 운명 좌우할 수 있어서, 애당심이 울리는 경고음 진즉에 나왔어야, 늦게라도 나왔으니 귀 열고 들어야

낙제생 못 면할 수도

거부권 대행 최상목 3개 법안 또 거부로 거부법안 6개로 늘어
배운 것이 거부권뿐이었으니 배운 대로 하면 우등생이지, 헌데
우등생, 공부만 가지고 정치판에 뛰어들었다간 낙제생 못 면할 수도

폭거만 있지

대선 수능 위해 '극우과목' 선택한 국민의힘 했데
극우 유튜버들에 잘한다고 격려 선물 주며 '국우 잡아 대선 승부'
셈법이라던데 극우 사전엔 셈법 없어, 행동 수칙 폭거만 있지

이래도 경고용 계엄이여

계엄 때 방첩사 벙커에 가두려 한 정치인은 50명이었다데
방귀깨나 뀐 분들이었을 터, 일테면 정적 제거가 목적
내란 국조특위 현장 조사서 밝혀진 것이니, 이래도 경고용 계엄이여

거둘랑가

정국이 시계 제로이니 초미세먼지라고 그냥 지나가겠나, 구경 좀 하고 가겠다니 몰아낼 바람도 없고, 다행히 금요일쯤 맑은 공기 회복이라니 금요일엔 금값 할만한 뉴스로 정치 미세먼지도 거둘랑가

따로 있어서

트럼프 2기 출범, '한반도 비핵화' 마지막 기회로 삼아야
글쎄요, '북 핵보유국' 인정했다니 이미 가버린 기회 아닐지?
어쩐다 핵도, 핵 버튼도 쥔 손 따로 있어서

그래서 듣는 거지

윤석열, 헌재 궤변, 헌법·법치 농락이라 했던데
그걸 몰랐던가요, 평생을 법만 주무른 솜씨니
법 농락밖에 한 일 더 있겠나요, 법꾸라지란 말 그래서 듣는 거지

불신의 산물이어서

윤석열·김건희 통화 내역 담긴 명태균 폰, 검사가 폐기하라 했다니
어찌 검찰을 믿겠나, 못 믿는 것은 검찰뿐만이 아니지
정치가를 거짓말쟁이로 폄훼한 소이 또한 불신의 산물이어서

우등생 대접은 해줘야

졸개검사가 그랬다면 검찰의 우두머리는? 내란 우두머리
됐으니 머리값 안 했나, 졸개 탓할 것 없어, 우두머리한테
배운 대로 한 것을, 배운 대로 실천했으니 우등생 대접은 해줘야

큰 병이라던데

민주주의·헌법, 독서 열풍 했던데, 열독 하면 음모론에 빠져
헤어나지 못한 윤석열의 정신세계도 진단될 수 있을까
한번 꽂히면 벗어나지 못한 고착증, 그거 큰 병이라던데

화가 탄생시켰데

모 신문의 '그림마당', 윤석열을 12.3 완장 찬 돌격대장쯤으로
그렸던데, 만화이니 명화는 못 되지만, 그 정신세계까지
그려낸 솜씨는 투필성구 차원, 돌격대장이 화가 탄생시켰데

※ 투필성구(投筆成具) : 화가의 달인은 붓만 던져도 그림 된다는 말

칭찬일 듯싶어서

퇴임하는 바이든 전 대통령 앉혀놓고 면전에서 맹비난 퍼부은
트럼프 했던데, 칭찬도 할 줄 알데, '김정은과 친하다' 운운
동맹도 외면할 괴벽성 서로 친하다면 칭찬일 듯싶어서

2025년 1월 23일

고착증이어서

윤석열 병원행, 무슨 병을 진료했던 것일까? 육체적 병? 정신적 병? 후자 쪽이란 생각을 갖게 된 소이 한번 필이 꽂히면 요지부동은 정신외상 고착증이어서

아니었는지

서울서부지법 불법행위자 56명 중 20~30대가 40여명이 넘는다던데
젊은 층의 젊은 혈기가 선봉대 역할을 한 것 아닌가 하는 의구심
취직도 안 되고 부글부글 끓던 차 폭발한 것이 아니었는지

보여 줄랑가?

공수처, 윤석열 강제구인, 한남동 관저 조사 등 불발로
공치는 공수처, 이름값한 건지? 못한 건지? 공은
굴러가기 마련, 골인 보여 줄랑가? 아유만 보여 줄랑가?

각자도생

윤석열·김용현, 포고령 1호 작성 두고 서로 책임 전가
볼만한 구경거리임엔 틀림없는데 꼴은 꼴답지 못할 듯
계엄 출발 땐 운명 같이 외쳤지만 실패하자 각자도생

곁들였을 듯

김용현 계엄포고령 1화 작성한 노트북 망치로 때려 부숴버렸다던데
노트북이 무슨 죄가 있다고 '이놈의 노트북' 때려 부숴
증거인멸이 이유였겠지만 계엄 실패 화풀이도 곁들였을 듯

대명사 같아서

윤석열 계엄조사 일체 부정 아니면 거부, 예, 아니오 중
'아니오'데, 불리하면 대답 거부, 긍정을 모르는
부정·거부 일색, 일색이 미 아닌 추의 대명사 같아서

잘 노는 집단이어서

극우 깃발 든 '자유총연맹 변인즉 '반공청년단 자세로' 법원 난입 폭력 다음날 행사서 폭도들을 '애국청년'이라 치켜세운 맥락에서 보면 윤석열 반대세력을 공산당과 동격화, 잘 노는 집단이어서

같았을 것 같아서

공수처, 윤석열 강제구인, 압색 모두 허탕으로 검찰에 빈손으로
이첩할듯 했던데, 아니지 내란 수괴 체포에 성공한 점
높이 사야, 누가 했어도 결과는 같았을 것 같아서

히히 자가당착

공수처에 기소권이 없다며 공수처 전면 배제한 윤석열
그래도 체포는 공수처 공, 그 공 골인됐으니 브라보 아니던가
체포돼 끌려간 것 자체가 공수처 인정한 것 돼서, 히히 자가당착

헌신짝만도 못하게 돼서

윤석열·김용현 내란 당사자들 헌재서 재회, 반갑겠다
헌데 가슴과 가슴엔 동상이몽, 계엄이 상생 위한 명분이었다면
계엄 실패는 각자도생으로 상생 헌신짝만도 못하게 돼서

구린 말도 들으셨을 듯

판사 집무실 문부순 40대 남성폭도, 전광훈 교회 '특임전도사'였다데
'특임전도사'면 구원에앞장서기보다 폭력에압장선임무부여받은걸까?
하느님은 낮은 소리도 들을 수 있어 맞춘 입 구린 말도 들으셨을 듯

실례하셨어

'국회·언론이 초갑'이라고? 그걸 이제 아셨남, 도치부치로도
다스릴 수 없는 것이 국회·언론이어서, 진실을 생명으로 알거든
그 진실에 칼·도끼 들이대다니 대단히 실례하셨어

골이란 게 옛말론 골[棺]이어서

사법부·수사기관 흔들기에 힘 쏟는 국힘 했던데, 힘은 그런데 쓰라는 힘 아닐 텐데, 상대를 잘못 골랐어, 골이 뭔가? 잘못되면 골로 간다 함 아니던가, 골이란 게 옛말론 골[棺]이어서

납작코 못 면한 건가

최상목 측 헌재 질의 "여야 합의란 게 뭔가" 묻자 "법률적 절차 요건 아니다"며 답 못하고 쩔쩔맸다데, 답 못한 게 아니라 답이 못 되는 걸 무기로 썼으니 큰코다친 셈이지, 납작코 못 면한 건가

고개 뻣뻣

부끄럽다 부끄럽다 부끄럽다, 뭣이? 민망해 얼굴 들 수 없는 그런 사람 있어, 그런 사람이 다스린 나라였다는 것이 열없겠다 열없겠다 열없겠다, 아녀, 되레 자랑스러워 고개 뻣뻣

구제불능이다

하는 일일마다 국민들 부끄러워 고개 들 수 없게 다스려 놓고
잘했다는 듯이, 자랑이라도 하듯이, 연명 위한 니들이
열없겠다는 동정심, 참말로 치사하다, 비겁하다, 구제불능이다

천치 · 바보들도 있어서

'도둑맞은 저항권' 했던데, 도둑맞은 게 아니라 약탈당한 거지요 법원을 쑥대밭 만들어놓고 저항권 행사라고 외치는 무지들, 복당에 있는대통령도저항권으로꺼내올수있다고믿는 천치 · 바보들도있어서

코리아여서

4.19, 5.18, 12.3에서 보여준 시민들의 불의에 맞선 용기가
저항권인 것을, 때려부수고, 짓밟고, 초토화시킨 폭력을
저항권으로 믿는 천치, 바보들의 나라가 코리아여서

늘어났을 것 같아서

공수처의 강제구인·압색 등 허탕 두고, 공수처 무능 운운이던데 허탕이 빈 총소리 아니었어, 실탄없이도 상대를제압하는 힘을넘어선 힘이었어, 허탕 한방에 내란 혐의 열방씩은 늘어났을 것 같아서

양심의 승리인 것을

계엄 관련 증언마다 대통령의 지시 입증시켜주고 있던데
정작 우두머리는 아니다로 일관, 사실을 사실대로 말하는
바보가 바보 아닌 역사적 증인, 양심의 승리인 것을

2025년 1월 24일

이현령비현령 안 했나

윤 내란, 불응에 막힌 공수처, 검찰에 이첩, 막히면 뚫리기도 법 좋네, 막히고 뚫리고, 문제는 법이란 게 막기만 위해 있는 게 아니라 뚫리라고도 있어서, 해서 옛분들 이현령비현령 안 했나

이리 피하고 저리 피해서

헌재에 마주하고 선 윤석열·김용현, '의원 아닌 요원 빼내라 한 것'
의사당이면 의원이 주인인데 요원은 어디다 쓰게? 이놈의 정치란 게
물먹었다하면 시궁창마신것인지 법꾸라지로 이리피하고 저리피해서

국민 요구여서

헌재 4:4로 방통위 2인 체제 적법성 인정, 헌재 결정이니
토 달고 싶지 않고, 내란죄도 그리되면 어쩐다, 헌재 재판관
8명 중 4:4면 반반으로 갈린 의견, 합일된 의견이 국민 요구여서

생물이거든

상경계 교수 10명 중 6명의 진단, '올 잠재성장률 1%대'
111명 중 57.6%가 2% 미만, 66.7%는 '정점 찍고 내리막길'
올랐다 내리고 내렸다 오르는 것이 경제성장률, 생물이거든

엇박자도 걸러내거든

헌재, 윤석열·김용현, 묻고 답하고, "그렇게 말씀허시니 생각나"
말이여, 소리여, '윤석열 질문에 김용현 맞장구' 맞장구는
좋았겠네마는 심판은 판사들 몫이어서, 엇박자도 걸러내거든

죄다(罪多)로 판결해서

윤석열·김용현, '서로 눈빛 교환하고 입 맞췄다'데
오랜만에 달콤했겠네마는 그 눈빛 속 어둠, 입속 거짓말
판사들은 죄다 보고 읽어 죄다 죄다(罪多)로 판결해서

귀 번쩍

윤석열 헌재 나오면서 머리 단장하고 옷맵시 다듬고 출석 이를 두고 '수용자 신분 특혜 논란' 했던데, 특혜 주장하며 '법 앞에 예외 없어야' 정답도 들을 수 있어 귀 번쩍

구린내 풍기기 마련이어서

윤, 체포적부심은 재빨리, 구속적부심은 뭉그적 왜? 했던데
말 못할 사연 있겠지만, 뭉그적댄 끝에는 미루다
미루고 싸버리면 구린내 풍기기 마련이어서

말씀 '폭동'

법원·경찰·법무부 의견일치 서부지법 난동사태 '폭동'
어떤 집단에선 우국이니 뭐니 헛소리 하던데 폭동이라면
바른소리 아니던가, 허니 소리 아닌 말씀이지, 말씀 '폭동'

법 모르면 그래

대통령 경호본부장, 관저에 기관총 배치인정, 충성으론 인정이네만
법으론 부정 안 될지, 시위대 몰려들면 기관총 난사, 진압하겠다?
시위대가 왜 쳐들어가, 법으로 불러내 끌고 가야지, 법 모르면 그래

10년이면 긴 세월인데

법원, 김용현 보석 신청기각 했다데, 소이인즉 '형사소송법 95조에 따라 공소사실의 법정형이 징역 10년을 초과하며 죄증 인멸 염려가 있다', 어쩐다 10년이면 긴 세월인데

있고 ???

한·미 동맹기조야 트럼프라고 깨겠나, 사드기지가 평택 있는데
다만 북 핵보유국 발언이 유감 천만 만만이어서 그렇지
그보다 한·미 동맹 빼면 설 자리나 있고 ???

화살표 향방 결정

설 연휴, 기온 뚝 했던데, 뚝이 기온뿐만이 아닐 듯싶어서
지지율, 민생고, 결제성장, 정치불신 등등등 죄다 ↓↓↓
화살표 거꾸로 처박힐 것 같아서, 설 입담들이 화살표 향방 결정

군사력 지녀서

러·우크라전 용병 북한군 병법은 '오직 전진'으로 죽음
두려워 않아 러 정규군보다 우수 평가까지라데, 김정은
선생 좋으시겠어, 핵 보유국에 러보다 훌륭한 군사력 지녀서

같지 않을지

트럼프 몽니에 글로벌 과세 공조 흔들 했던데
마음에 품은 것 얼굴에 나타나는 법, 트럼프 몽니도 다르지 않아서
칼은 칼로, 불은 불로 어쩐다더라, 몽니는 몽니로도 같지 않을지

잠꼬대여

"국회서 요원 끌어내라" 했다는 김용현 궤변 두고 '정도껏 해라 했던데, 글세올시다, 국회에 국회의원 말고 따로 끌어낼 만한 요원이 있던가요? 궤변뿐 아녀, 헛소리 아니면 잠꼬대여

거 불복종 아니오

국회에서 열린 윤석열 정부 내란 진상규명, "증언하지 않겠다"는 행안부장관, 침묵은 묵시적 동의라 했던데, 맞소, "시키는 것 다하고 싶었다, 헌데 명단을 보니 안 되겠더라" 거 불복종 아니오

신명을 부담으로 느끼셔야

방통위원장 이진숙 업무에 복귀, 신명나시겠소만 그래도
정상 운영은 2인 체제 아닌 5인 체제로 이뤄져야
공정성·신뢰성 유지되지요, 신명을 부담으로 느끼셔야

그게 미 우선주의여

'기후 위기 그 자체인 트럼프' 했던데 기후 위기고 뭐고
미 국익에 반하면 미래 같은 것에 관심 없어
현재, 눈앞, 당장 외엔 관심밖에, 그게 미 우선주의여

구화투신 같아서

'군사쿠데타 체제부터 넘어서야 했던데, 그리는 안 될 듯
북녘 김 선생 호부우로 으르렁대고 있는 한은 언제나
쿠데타 구실로 작용해서, 헌데 쿠데타란 게 구화투신 같아서

※ 구화투신(救火投薪) : 불을 끈다고 장작을 던져 불길을 더 키운다 함이니
근본을 다스리지 못한 우를 두고 한 말.

■ 시집 평설을 대신해서_諷詩調에 대한 사계의 견해

三行詩의 안팎

문덕수(전 예술원 회원)

1.

　박진환의 三行詩Ⅷ『諷詩調』를 읽고 느낀 바가 많지만 다 말할 수는 없을 것 같다. '諷時調'라고 하지 않고 '諷詩調'라고 한 것은 '시조(時調)'와는 다른 장르임을 말하는 것이 분명하고, '풍조시(諷調詩)'가 아니라 '풍시조(諷詩調)'라고 한 것은 이와 유사한 다른 장르명의 어순을 따를 필요가 없음을 암시한 것 같다. 어쨌든 '풍시조(諷詩調)'는 다른 누구의 것도 아닌, 바로 박진환의 장르다. 그가 풍시조의 시조요, 창업자다.
　'풍시조(諷詩調)'의 '풍(諷)'은 '풍자(諷刺, satire)'일까. '풍유(諷喩, allegory)'일까(諷諫, 기자(譏刺)라는 말도 있다). 풍(諷)은 '言十風(음)'으로 된 글자인데, 떨리는 소리로 낭독하는 것을 풍송(諷誦)이라고 하고, 바람이 나뭇가지나 이파리를 흔들듯이 사람의 마음을 움직이는 것을 '풍(諷)'이라고 한다. '풍자'는 후자에 해당한다. 그러나 이러니저러니 따질 필요는 없다. '시 작품' 자체가 시론이기 때문이다. '풍시조'의 정체는 박진환의 작품에 있다고 하겠다.

113

> 달콤한 오수 깨며 띠리링 울리는 벨소리 속 목소리
> 기막힌 부동산 정보 전해 드리려고요
> 너나 기막히세요, 난 귀 열고 매미소리나 벗하리니
> ―「귀 열고」

  IT매체들(휴대전화 등)을 통해 부동산 중개업자(복덕방)의 이러한 극성스러운 메시지는 시민들이 역겹도록 경험하고 있는 현실이다. 시도 때도 없는 각종 정보 발신에 시민들이 무방비 속에 시달리는 것은 정보공해라고 할 수 있다. 이 시는 요즘의 이러한 부동산 시장의 상황과 정보공해가 전제되어 있고, 이러한 상황을 어느 정도 공유하고 있는 독자에게만 공감이 절실할 것이다. 풍자건 유머건 간에, 독자의 다양한 지적 교양이 전제된다는 점에서 지성적 활동이라고 할 수 있다(박진환을 '주지시'의 계열의 중요시인으로 보는 것도 이 때문이다).

  2.
  왜 3행시일까. 20행, 30행의 장시나 산문시면 안 되는가. 초·중·종장과 같은 3행이지만, 시조의 율조와는 관계가 없다. 종장 '3·5·4·4'와 같은 율조도 지킬 필요가 없다. 음보와도 관계없다. 시조의 3행과 같다는 말도 사실상 넌센스다. 그럼에도 3행시로 한 뭔가의 이유가 있지 않을까. 앞에 든 「귀열고」에서 여러 가지 장치를 전지(剪枝)하고 3단논법의 뼈대만 추려 본다.

　　　　　　　남을 괴롭히는 전화는 받기 싫다(대전제)
　　　　　　요즘의 부동산 정보전화도 사람만 괴롭힌다(소전제)
　　　　　　　그러므로 내게 그런 전화하지 말라(결론)

　이와 같은 논리소('화소'라는 말이 있지만 '논리소'라고 해둔다)로 환원시켜 놓고 보면, 「귀열고」는 3단논법의 시상 전개임을 어느 정도는 이해할 수 있다. 상황 제시(대전제, 제1행), 권유나 권고(소전제, 제2행), 거절(결론, 제3행)로 된 3단형이나 구문면에서는 문답형이다. 3단 논법이란 2개 이상의 전제를 제시하고, 거기서 결론을 도출하는 추론형식이다. 2개든 3개든 2행으로 전제를 제시하거나 열거하고, 논리 진행의 반전, 좌절, 총합 등으로 결론을 도출하게 되면 '3단형'이 되지 않을 수 없다. 또 구문상의 '문답형'으로 본다고 하더라도 물음과 답이 각각 1행씩 합해서 2행이 되고, 물음과 대답을 성립하기 위한 전제적 상황 제시가 1행을 차지하면, 이 또한 3행 형식을 취하게 된다.

　　　　　　돈 많은 세상에 돈 없이 배고파하는 꼴이나
　　　　　　물난리에 물이 없어 목말라 하는 꼴이나
　　　　　　사람 중에 사람 없어 정치공황 부황든 꼴이나
　　　　　　　　　　― 「꼴이나 꼴이나」

　「꼴이나 꼴이나」도 3단형이긴 하나 논리의 극적 국면(반전, 좌절 등)이 약한, 즉 편평(扁平)한 3단형이다. 더 정확하게 말하면 전제만 3행으로 열거되고 결론이 없는(결론은 독자의 몫으로 남겼다.) 일종의 '나열형'이다. 틀(뼈대)을 추려보면 "풍족 속의 굶주림은 꼴불견이다(제1행), 홍수 속의 갈증은 꼴불견이다(제2행), 인재 귀한 정치 공황은 꼴불견이다(제3행)"의 3단형인데, 대전제·소전제·결론 형이 아니라 단지 전제의 3행 나열에 지나지 않고, 이러한 나열을 총합한 결론은 독자에게 맡겨져 있다. 구문상으로는 '꼴이냐'가 각행의 끝말로 반복(세 번 반복)되는데 귀납형의 방식이라고 할 수 있다. 대전제를 먼저 제시하는 3단 논법형과는 다르다고 하겠다. 3단형이라고 하더라도 여러 가지 성질의 형식이 있으므로, 여기서는 변죽만 건드려본 정도로 그치겠다.

3.

다음엔 실제 작품을 조금 음미해 본다. 「귀열고」는 「夏夜」와 더불어 박진환의 풍시조 중에서 가장 재미있는 작품인 것 같다. 전형적인 작품이라고 해도 괜찮다.

'기막히다'의 활용형(기막힌, 기막히세요)은 문답의 '고리' 역할을 한다. 부동산중개업자와 시적 주체도 연결시켜준다. 그런데, 대답 부분(제3행)의 '기막히세요'라는 '고리'에는 '기막히다(어떤 일이 하도 어이없거나 엄청나서 질릴 정도이다와 같은 부정적 성질의 의미와, 어떻다고 말할 수 없을 만큼 좋거나 정도가 높다와 같은 긍정적 성질의 의미가 공존한다)와 '귀(耳) 막히다' 등의 의미가 공재해 있고, '귀 막히다'는 뜻의 말은 짐짓 잘못 알아들은 것으로 되어 있다. 이 풍시조의 재미는 '기막히세요'라는 고리에 내재된 다채로운 뉘앙스의 삼중 겹침에 있는 것 같다. 여기에 "너나 기막히세요"라는 독백 형식의 대답에는 "너나 잘하세요"(영화 「친절한 금자씨」의 주인공이 한 말)도 연상되고, 더 지적으로 민감한 독자라면 "사또님 말씀이야 다 우습지"나 "사돈네 남의 말 한다"와 같은 속담도 연상하게 될 것이다. 또 2인칭 대명사 '너'와 높임말인 '기막히세요'는 존대법상 일치하지 않는다. 이러한 문법적 불일치도 미적·풍자적 효과에 한몫 더한다. 말하자면 독자의 지적 수준에 따라 그 웃음과 재미가 증감된다. 아마 이러한 시적 장치의 전부를 담아 뭉뚱그리기에 적합한 가장 간결한 형태가 3행시가 아닐까도 생각된다.

> F킬라를 뿌리듯 이발사가 내 머리에 스프레이를 분무한다
> 내 머리를 모기나 파리 대가리쯤으로 아는 모양이다
> 하긴 싹싹 손 비비고 남의 피나 핥았으니 그럴 법도 하지
> ― 「이발소」에서

전제가 되는 부분의 열거를 1행, 2행에 배당하고, 그 전제를 근거로 제3행에서 결론을 도출한 3단형이다. "이발사가 내 머리에 스프레이를 뿌린다(제1행), 나를 모기나 파리로 간주하는 것 같다(제2행), 아첨하고 착취했으니 이발사의 행위는 당연하다(제3행)"는 것이 이 풍조시의 뼈대다. 추린 논리소다. 그러나 이 논리 속에는 의도적 곡해(曲解)와 사회를 향한 우회적 공격이 숨어 있다. 논리 속에 숨은 이 장치의 이해가,

이 풍시조 수용의 전제가 된다.

특히, "싹싹 손 비비고 남의 피나 핥았으니"에서, 1인칭(모기나 파리의 1인칭)인 '나'의 비하(卑下)를 통해서 파리나 모기와 다를 바 없는 자신이 바로 사회의 무고한 사람들에 대한 침입자나 가해자였음을 폭로한다. 자기가 바로 풍자의 칼날에 희생되어야 할 대상이며, 자신의 비하가 공격과 비판을 위한 칼날 갈기의 전제라는 아이러니를 본다. 일종의 도회(韜晦)의 비늘이라고 할까. 새디즘과 매저키즘은 동전의 양면이라는 심리분석도 이 경우에 해당될지?.

> 夏! 정말 덥다, 夜! 시원하다
> 夏夜보다 더 신나고 시원한 것 없을까
> 없긴 왜 없어, 下野란 말 있잖아
> ―「夏夜」전문

「夏夜」는 문답형 중의 자문자답형이다. 독백형 자문자답이다. 두 개의 전제에서 의외의 결론을 끌어낸 3단 형태라고도 할 수 있다. 제1행의 대전제가 그 다음의 소전제와 결론인 대답을 가능하게 해준다. 어쨌든 '夏夜'라는 펀(pun)과 더불어 박진환식 풍자와 해학의 가장 돋보이는 전형적인 시다. '夏夜'에 내포된 골계미와 풍자성을 분석해 보자.

'하야'라는 시니피앙에는 1)계절로서의 夏夜, 2)'하! 야'라는 반응의 감탄사, 3)하야(下野)라는 시니피에가 겹쳐 있다. 반복하면 시니피앙의 한 덩어리 속의 세 시니피에가 꼬리를 물고

꼬여 메비우스의 띠처럼 회오리친다. 특히 '하야(夏夜:下野)'라는 말이 지닌 풍자성이 시 전체(1행, 2행, 3행)에 삼투되어 방사(放射)한다. 웃음 속에 감추어진 칼날을 보는 것 같아 섬찍하다.

4.
끝으로 풍시조 1편과 외국의 우화 1편을 비교해 볼까 한다. 대상은 둘 다 '중동(中東)'이다.

> 열사의 불 먹고 사는 탓에 제 버릇 못 버려 즐기는 불장난
> 석유까지 불을 뿜어대니 연일 불바다지
> 얼음을 먹어야 식히는데 中東엔 仲冬이 없으니
> ―「仲冬이 없으니·1」

이것은 일종의 '편'이다. 「夏夜」에 비하면 편의 구조도 퍽 단순한 편이다. 페르시아만(아라비아만)의 해변에 '개구리' 한 마리가 햇볕을 쬐고 있는데, '전갈(scorpion)'이 와서 바다 건너 저쪽 언덕까지 등에 태워 건너달라고 부탁한다('전갈은 몸속 독낭에 못 모양의 독침이 들어 있는 동물이다).

"싫어. 넌 전갈 아냐. 날 찔러 죽이려고"
"바보 같은 소리" 내가 찌르면 너도 죽지만 나도 익사하지 않는가. 잠시 생각한 끝에 개구리가 말한다.
"그렇군. 그럼 내 등에 올라타"

전갈을 등에 태운 개구리가 아라비아 바다를 건너기 시작한다. 바다 복판쯤에 왔을 때, 전갈은 갑자기 독침을 꺼내어 개구리를 찔러 버렸다.
"왜 이래?"
전갈이 대답했다. "여긴 중동(中東)이야."

유머지만, 이것은 '우화'의 형식을 취하고 있다(박진환도 '우화' 쪽으로 발전할지도 모른다). '개구리'는 아라비아만으로 관광온 유럽인인지도 모른다. 그러나 이 조크에 등장하는 '전갈'과 '개구리'의 본의(本義)가 각각 유럽과 중동 중에서 어느 쪽인가에 따라 작품 전체의 이야기가 달라지고, 공격의 대상도 반대가 된다. 그러면 박진환의 풍시조의 공격 대상은 누구인가. 중동만이라고 할 수 없다. 여기서 해학이건 풍자건 그 속에 감춘 예리한 '날'의 현동화(現動化)가 실은 얼마나 어렵고 미묘한 것인가를 시사한다. 특히 「전갈과 개구리」의 경우, 그 균형(balance) 잡기의 어려움을 실감하게 된다.

나는 오늘의 한국시의 지형도를 그려본 적이 있다. 1)전통과 서정(전통적 서정시), 2)메시지와 관념(관념시, 생태시), 3)이미지와 물리성(언어 이미지시), 4)탈관념의 실험(탈관념시), 5)주지적 처리(주지시) 등이 그것이다. 한국시의 동서남북이라고도 할 수 있다. 우리 시단의 특색 있는 시의 중요한 작품들은 일단 이 지형도로 배열, 배치할 수 있다. 우리 시의 현황이다.

나는 박진환의 최근작(3행의 풍시조)을 주목하면서 '주지시'

의 장르로 보았다. 지금도 나는 이러한 자리매김을 후회하지 않는다. 김춘수는 박진환의 풍시조에 대하여 『하여지향(何如之鄕)』을 쓴 송욱의 '전철'을 밟고 있다고 했지만, 나는 송욱과 '같은 계열'이라고 보지, '전철'이라고는 생각하지 않는다. '풍자의 노끈'으로 송욱과 박진환을 칭칭 묶어 버리는 것도 가능하나, '풍자'가 있는 '주지(主知)의 토포스' 속에 자리한 박진환의 거처가 지닌 의미의 진폭을 이해할 필요가 있을 것 같다. 풍자, 해학, 펀, 아이러니, 비꼼, 조롱 등은 '주지시'의 자원이긴 하나 이것만이 전부는 아니다. 이러한 주지시는 송욱, 김현승, 김광섭 등을 거쳐 김기림(金起林)의 장시 『기상도(氣象圖)』(1936)에 이른다는 사실을 이해한다면, 주지의 여러 가지 자원이 뭣인가를 짐작할 수 있다. 『기상도』가 지닌 주지적 풍부함의 목록을 일일이 확인할 필요가 없을까.

이야기를 많이 에둘렀다. 다시 「仲冬이 없으니·1」과 「전살과 개구리」 이야기가 지닌 한 가지 토픽도 주지(主知)가 지닌 여러 가지 목록 중의 하나다. 지성은 억제와 조절에 바탕을 둔 '균형'을 강조한다. 형이상적 존재의 인식, 그 인식이 지닌 초월성의 자기화(自己化)에 의한 시선의 확보, 그 중의 풍자적 시선이 공격 대상을 선정하는 일에 도리없이 참여하는 '균형'은 특히 중요하다. 저울대의 무게와 추가 형평을 이룰 때 '풍자'는 더욱 빛날 것이다.

■ 시집 평설을 대신해서_諷詩調에 대한 사계의 견해

知的調律에 의한 시 意味의 密度와 結晶度
― 『諷詩調』의 창간에 부쳐

성찬경(전 예술원 회원)

　문예지 『풍시조(諷詩調)』가 창간되었다. 때는 2008년 초여름이고, 앞으로 계간지로 계속 발간될 것이라는 예고다.
　문예지라고 했지만, 문예지치고는 매우 특수한 성격을 지니는 문예지다. 우선에 소설은 배제된 시 전문지이지만, 넓은 범위의 시 일반을 싣는 것이 아니라 '풍시조(諷詩調)'란 새로운 시적 유형과 범주에 속하는 시만을 모아서 엮는 시지이니, 이를테면 시단 안에서도 특수 전문지의 성격을 갖는다. 흔히 취미 오락 등을 다룬 잡지에 낚시니 등산이니 바둑 등을 전문으로 다루는 잡지를 보게 되는데, 『諷詩調』는 시 안에서도 독특한 장르만을 대상으로 하는 일종의 전문 시지(詩誌)인 셈이며, 우리나라 시사(詩史)와 시단의 현황이 어언 여기에까지 이르렀는가 하는 감회를 갖게 된다.
　여기에서 좀 더 차분히 『諷詩調』의 출현을 지금까지 키워온 그 뿌리와 수맥을 살펴볼 필요가 있다. 말할 것도 없이 이

『諷詩調』의 근본이 되는 자양적 모태는 박진환 시인이 약 30년에 걸쳐서 전개해온 넓은 의미에서의 지성시(知性詩) 운동이다. 박진환 시인은 이러한 지성시의 구체적인 전개방법으로서 '형이상학시'의 기치(旗幟) 아래, 이른바 변용의 시를 추구해온 것은 세상이 다 아는 바다.

　변용의 시도 실은 그 개념의 범주가 좁다 할 수는 없다. 더 구체적으로 말하면 시에서의 위트, 컨시트, 또는 펀과 같은 기법을 활용하여 시의 정서적 구조를 지적 구조로 바꾸고, 그럼으로써 시를 의미의 밀도에서 좀더 경질(硬質)의 것이 되게 하려는 시적 추구를 말한다. 그리고 이것은 그 시적 추구에서 17세기 영국의 '형이상학파' 시인들의 추구와 그 맥이 통한다는 사실도 우리가 알고 있는 바와 같다.

　여기에서 박진환 시인의 이러한 시적 추구가 우리 시의 현실적 상황과 어떠한 관계에 있는가 하는 점을 살필 필요가 있다. 현재의 우리 시는 한 마디로 지성이라는 영양소의 결핍 증세가 심한데, 또한 그것을 자각하고 있지도 못하다는 것이 나의 솔직한 판단이다.

　시에서 지성이 하는 구실은 일종의 조화 감각이라 할 수 있다. 시가 너무 한 쪽에 치우치는 것을 막아주는 감시의 역할을 하는 것이 바로 지성이다. 그래서 시에서 지적 요소가 부족하면 시가 한쪽으로 치우치는 것을 막지 못한다. 시에서 눈물이 너무 많아진다거나, 지나치게 격정에 사로잡힌다거나 정서의 내용이 너무 가냘퍼진다거나, 또는 지나치게 괴기해진다거나 하는 현상이 모두 지성적 작용의 결핍에서 오는 증후라

할 수 있다.

　문예지 『조선문학』을 중심으로 하는 한 무리의 문인들이 문학에서 지성적 구실을 강조하고, 줄기차게 우리 문단에서의 이러한 허점을 보완하고자 한 문학적 공헌에 대한 평가에서 우리는 몰인식과 소극성을 벗어나지 못하고 있는 것이 아닌가 하는 것이 역시 나의 생각이다.

　이번에 발간된 『諷詩調』는 박진환 시인이 벌여온 시운동의 더욱 정제된 결정과도 같은 것이며, 이것을 일종의 '문학적 발명'이라 해야 마땅할 것이라는 생각이 든다.

　어느 시대에 있어서나 문학의 새로운 양식은 그것이 하나의 새로운 발명임을 의미한다. 그리고 진정한 의미에서의 '발명'이라면, 얼핏 보아 아무리 하찮게 보이는 것일지라도, 거기에는 발명자의 많은 시간과 피땀과 노고가 스며있음을 잊어서는 안 된다. 시에 있어서도 마찬가지다. 시의 새로운 체질과 양식과 장르의 발명이 실은 시인들의 끊임없이 노력하고 추구하는 목표이기도 한 것이다.

　'諷詩調'의 출현 역시 결코 하루아침에 이루어진 우발적인 출현이 아님은 말할 것도 없다. 지금까지 박진환 시인이 시도해온 많은 '3행시'와 '諷詩調'가 그 싹이 되어 피어왔음은 물론이다.

　『풍시조(諷詩調)』가 갖는 새로운 체질적 특색을 간단히 살펴보겠다. '諷詩調'가 우리 고유의 전통적 시가의 형식인 '시조(時調)'와 체질적 연관성이 있음은 물론이다. 諷詩調의 구성이 3행으로 돼 있는 점이 초중종 3장으로 돼 있는 시조와 일치한다는 것에서도 이 일을 알 수 있다. 원래 시조의 초중종 3장도 시조보다 더 뿌리 깊다 할 수 있는 동양 고유의 한시(漢詩)의 기승전결에서 나온 것임을 우리는 짐작할 수 있다. 4행1련을 기본 단위로 하는 기승전결은 사실 동서고금의 모든 시적 감흥의 기본 틀이기도 하다. 다만 시조의 경우 종장에 해당하는 3장에서는 '전(轉)'과 '결(決)'이 한 행에 압축됨으로써 4행의 경우보다도 더욱 극적 효과와 시의 긴장감을 높여주고 있다.

이와 같이 諷詩調는 시조와 일맥상통하면서도 예술적 감흥을 겨냥하는 데에서는 시조(時調)와 사뭇 다르다. 곧 시조의 시의 뜻을 한자의 때시 '時'에서 글시 '詩'로 바꿔놓은 데서 그 겨냥하는 바를 짐작할 수 있다. 시조(時調)가 그 주제를 시대적 풍습에 맞추려는데 두고 있다면, 諷詩調에서는 시류(時流)를 넘어서는 작품으로서의 시적(詩的) 가치를 높이려는 의도가 숨어 있으며, 이런 점에서 '諷詩調'는 이른바 순수시(純粹詩)와도 그 방향을 같이 하게 된다.

'시조(詩調)', 곧 시의 흐름에 또 '풍(諷)' 자가 결합되어 있으니, 이것은 또 어떤 의도를 품고 있는 것일까. 여기에서 '풍(諷)'자는 박진환 시인이 시지의 '창간사'에서도 밝히고 있는 바와 같이 시에 넓은 의미의 풍자성(諷刺性)을 담으려는 의도와 다를 바가 없으니, 이 풍(諷)의 개념에는 시에서 전개할 수 있는 지적 작업 일반의 여러 항목이 두루 포함돼 있으며, 위트, 아이러니, 새타이어, 시니시즘(비꼬움) 등 표현상의 역설적 기법이 종횡으로 등장하게 된다.

그리고 이러한 풍자는 그것이 일종의 지적 응징의 구실을 하게 되는 것이며 이와 같은 응징의 숨은 의도는 바른 사회, 꼴불견인 시류적인 속물(俗物)들이 사라지는 사회, 양식이 통하는 밝은 사회의 출현을 바라보는 것이니, 깊은 뜻에서는 이 풍자의 정신이 곧 인도주의적 염원과도 일치한다는 점을 간과해서는 안 될 것이다.

『諷詩調』의 보기로서, 박진환 시인이 전, 현직 대통령을 소재로 풍자한 시를 보려 한다.

노랗게 노랗게 노자로 시작해서
나리나리 개나리 리자로 끝나면 무슨 나리게
개나리, 노노노 무식하긴 노나리지
―「개나리」

이명박 대통령 임기 끝나 퇴임하는 날이 2012년 12월 26일
이날에 맞춰 돌아가는 시계가 이명박 시계란다
시작이 엊그젠데 퇴임 날 꼽아가며 돌아가는 시계가 있다니
―「이명박 퇴임시계」

편과 시니시즘과 새타이어가 2중 3중으로 얽히고 꼬인, 고도로 지적인 시적 작업임을 알 수 있다. 이보다 더 따끔한 응징적 일침이 또 있겠나.

계간지 『諷詩調』는 이제 막 창간되었기 때문도 있겠지만, 아직 동인지의 성격을 완전히 벗지 못한 느낌도 없지 않아

있다. 앞으로 이런 점도 차츰 보완이 되리라 믿어지며, 이 시지가 잘 성장하여 응분의 구실을 하게 될 것을 나는 축원의 시선으로 바라본다. 그렇다 하더라도 일관성 있는 '지성시'에의 헌신과 노고가 정당한 평가를 받게 되는 날이 우리 시사(詩史)에서 언제 찾아올 것인가.

■ 시집 평설을 대신해서_諷詩調에 대한 사계의 견해

諷詩調의 깃발과 風向
– 새로운 시 운동에 대하여

김용직(전 학술원 회원)

　극히 최근에 그 모습을 드러낸 諷詩調 운동에는 두 가지 정도의 전략이 내장되어 있는 듯 보인다. 그 하나가 독특한 형태양식 해석이며 다른 하나가 현실 상황을 향한 예각적 공격 의식이다. 명백히 현대 서정시의 서부(西部)를 개척하려는 의욕으로 시도된 이 시운동은 그러나 그 형식을 3장 6구를 원형으로 한 단형시 제작을 바탕으로 하고 있다. 3장 6구의 단형시라면 우리 머리에는 곧 한국 전통시가 양식인 시조가 떠오른다. 시조는 국민문학파에 의한 개혁운동 이후 새로운 토대를 마련하게 되었다. 이때부터 시조는 고전시가의 인습적인 면을 벗어나 새 시대의 양식이 된 것이다. 諷詩調는 시조의 이런 틀을 이용하려는 듯 보인다.
　諷詩調는 그 의식성향으로 보아 상당히 공격적이며 호전적이기까지 하다. 그 도마 위에는 정치, 경제, 사회, 문화의 문제만이 아니라 개인의 윤리, 도덕적인 사건까지가 가차 없이 올라 난도질당한다. 그런데 많은 경우 諷詩調의 비판, 공격은 예술적 의장을 거치지 않은 가운데 이루어진다. 諷詩調에서 풍(諷)은 수사론에서 풍자를 뜻할 것이며 고전문학의 감각을 곁들이게 되면 풍간(諷諫)과 같은 맥락에서 해석될 말이다. 풍자와 풍간에 역겨운 현실, 아니꼬운 대상을 꼬집고 공격하는 단면이 내포되어 있는 것은 사실이다. 그러나 그런 경우의 비판, 공격은 진술의 형태로 이루어지는 것이 아니라 비유의 형태를 취하는 것이 바람직하다.

풍자문학에서 직접적 언술(言述)이 아니라 간접적인 기법이 이용되는 까닭은 단순하다. 많은 경우 시인이 아니꼽게 생각하는 대상은 한 시대와 사회에서 강한 힘을 가진 개인이거나 집단과 그 부수 형태인 제도나 규범들이다. 그들을 진술의 차원에서 공격하는 경우 작품들은 즉각 압수, 폐기되고 그 제작들은 연행, 구속될 위험에 노출된다. 시와 예술이 노려야 할 것은 이런 자살 특공대식 자기표출이 아니다. 이런 감각이 생산해 낸 전략의 결과가 풍자로 해석되어야 하는 것이다.

諷詩調가 3장 형식을 취한 것에 대해서도 이와 거의 같은 이야기가 가능하다. 諷詩調가 3행시의 형태를 이용한 것은 3행시가 한국 전통 시가를 대표하는 것으로 판단된 결과일 것이다. 새로운 시가운동이 국민문학의 자리에 오른 양식의 특성을 이용하는 것은 슬기로운 일이다. 그러나 이 경우에도 우리는 창작활동에서 기본교의 하나를 기억하고 있어야 한다. 모든 창작활동에서 형태는 묵수될 것이 아니라 새롭게 해석, 개척되어 나가야 한다. 국민문학파의 전례가 가리키는 바와 같이 3장 6구의 시조가 갖는 큰 틀은 긍정적으로 계승될 수 있다. 그러나 그 틀 속에 새로운 시로서의 호흡과 맥박은 끊임없이 재창조되어야 한다.
 우리는 모처럼 시도되는 諷詩調 운동이 한국 현대시의 높은 산맥이 되고 푸른 강줄기를 이루어나가기를 희망한다. 이런 소망이 다소간 비판적인 생각을 토로하게 된 셈이다.

■ 시집 평설을 대신해서_諷詩調에 대한 사계의 견해

박진환의 3행 '諷詩調'에 대하여

최원규(충남대 명예교수)

최근 지속적으로 왕성하게 발표해온 박진환의 삼행시초 '諷詩調'야말로 괄목할만한 한국적 단형시다. 더구나 시대적 상황이 사회적으로 굵직한 이슈를 던져주었던 전변의 정치적 관심이 우리 모두를 끌어들이는 시기와 맞물렸기 때문이기도 하다. 이미 정권 교체에 따른 권력의 갈등에서 겪은 일이지만 대선과정에서 마지막까지 문제가 되었던 BBK 사건, FTA, 숭례문 복원, 대운하 찬반, 광우병 등으로 인한 촛불 시위 범람이 쓰나미처럼 휩쓸고 지나갔으며 아직도 그 여진이 계속되고 있다.

이렇게 불안한 계절에 시인은 이들의 갈등과 부조리를 외면하고 추상적인 언어를 기반으로 하는 사회적 연대감에서 벗어나 강 건너 불구경만이 순수의 미덕인가. 마땅히 지식인으로 가치판단이나 문화적 선악에 동참, 선도의 언어가 필요해진 것이 너무 당연하다. 하물며 시는 시인끼리 담을 쌓고 그 속에 안주해 있는 모습에서 벗어나 시민과 동참 동행하는 시민의식이 필요하다.

이미 우리 시의 역사 속에서도 한용운, 이육사, 윤동주 그들의 평가에서 볼 수 있듯이 그들의 시에서 우리의 의지와 나라를 걱정하는 애국시가 용솟음치기도 하였다. 그런 점에서 이 시대 박진환의 諷詩調야말로 우리 시단의 중요한 뇌관을 건드린 사건이라고 판단된다.

諷詩調는 삼행이라는 점에서 시조와 같으나 구조나 형태적 특질이 시조의 틀을 벗어났을 뿐만 아니라 어귀나 비유법의 방법을 시조와 달리한다. 한편 화제가 되고 있는 시대적 상황을 직접적인 논의와 평가를 요구하며, 아이러니, 패러독스, 유머로 수용한다. 요컨대 박진환의 '諷詩調'는 업투데이트한 시대적 사회시를 전제한다. 그러므로 그의 '諷詩調'는 작중 인물들의 선행이나 악행의 전제를 제시하며 마지막 행에 이르러서는 개선이나 선과 악의 가치판단의 동참을 요구한다.

박진환의 '諷詩調'는 악과 사의 교정을 위한 화해적 개선이라는 점에서 꼬집고, 비꼬고, 깎아내리고, 비아냥하고 비판, 고발, 폭로를 시의 바탕으로 삼되 마지막 의도는 '순수한 통장'을 감행함으로써 풍자시보다는 한 차원 높은 시적 장치를 갖추고 있다는 점에 주목한다.

박진환은 엄격하거나 거창한 테마를 희극적으로 처리하거나 재미와 멸시, 분노와 냉소의 태도를 환기시킴으로써 그것을 약화시키는 기법을 사용한다. '웃음을 무기로 사용하고 작품의 외부에 존재하는 과녁을 겨냥한다. 그 과녁은 개인적인 일일 수 있고, 어떤 계층이나 제도나 국가나 인류 전체에게까지 할 수 있다'라고 전제한다.

요컨대 화자가 단정하는 외견상 주장과 속으로 의도하고 있는 의미가 서로 다른 진술을 할 때 그 진술은 태도나 평가를 명백히 표현하지만 그것과 매우 다른 태도나 평가를 함축하고 있는 것을 포함하는 것이 아이러니의 기술이라고 보았을 때 박진환의 '순수한 통징'을 암시한다. 발음이 같고 흡사하지만 의미는 전혀 다른 같은 소리에 다른 의미를 갖는 말들은 때로 읽는 이에게 가치판단의 격정적인 한편으로 기울게 하기보다 그것을 유보하며 역지사지(易地思之)의 공평성을 유발시키고 화해성을 유도한다.

박진환은 시적인 재담(equivoque)도 있고 때로 언어유희(pun)도 있지만, 그것들은 읽는 이로 하여금 간담이 서늘해지는 경지까지 유발한다. 때로는 '삶 속의 죽음'이나 '쾌락의 고통', '사랑의 증오'들처럼 메타피지컬포에트(Metaphysical poets)들이 사용한 흔적에 영향되었다고 할 수 있으나 박진환의 경우 경고성의 환기에 더 치중함을 볼 수 있다.

마침내 풍(諷), 시(詩), 조(調) 각개의 문자 의미의 내부를 탐색할 때 모두 언(言) 말씀이 들어있다. 말씀[言]은 글[文]과 구별된다. 글은 논리와 절제를 요구하지만 말[言]은 흘러가는 물과 같이 지형이나 지세에 따라 형태가 변하며 응집한다. 그러므로 흐름의 방향은 같지만 물줄기는 즉흥적이며 당대의 상황에 따라 전변한다.

말씀[言]은 바람[風]과 절[寺]과 두루할 주(周)를 더하여 동서남북, 종횡무진, 당대를 섭렵한다. 그리하여 박진환의 '諷詩調는 마침내 세상사의 이야깃거리의 중심부에서 주제할 수 있는 정세의 총화와 전환을 암시한다.

　박진환의 諷詩調가 꼭 3행이어야 하는가의 문제에 대하여 신중히 생각해야 한다. 다만 어느 민족이고 그 민족의 정서적 흡인력에 의하여 자연 발생적으로 생겨난 정형적 틀이 있어 왔다. 가령 당시(唐詩)의 4언 또는 7언 절시나 영시의 4행시(quatrain), 이행연귀(couplet), 14행시(sonnet) 모두 각운 구조로 결합된 강약음보격의 시행으로 되어 단일시귀(stanja)의 서정시인데 우리의 고유 문학형태의 시형(시조)들이 3장 6귀의 원칙을 고수한 것은 민족적인 고유성과 기풍(Ethos)에 의한 것이라고 믿는다. 다만 박진환의 경우 꼭 우리의 시조를 의식한 3행시는 아니지만(사실 시조와는 그 정형시로 의미구조의 잣대에 맞지 않음) 정형시로서 규율에 맞는 것이 아닌 자유시로서의 의미를 더욱 확대한다.

　외형상 3행시로 처리한 것은 압축과 긴장미의 효과를 살리며 음수율에서 체험할 수 없는 탄력을 보여준다.

　그리하여 3행시는 우리에게 낯익고 우리 말의 생태적 관습의 순리에 수용된다. 또한 시의 자연스런 형태의 공감이 일반화되었기에 박진환 삼행시가 우리 시단의 충격파를 더해 간다고 생각된다. 그의 3행 諷詩調의 창출은 우리 시문학사의 새로운 원형을 배가시킨 원동력이 될 것이며, 한편 시적 표현 미학에서 잡다한 외래적 수용의 난맥상을 제압하는 데 주요한 길잡이가 될 것이다.

박진환의 3행 '諷詩調'는 시조(時調)와 동자이의어(同字異義語)로 우리에게 새로운 정형성의 모델을 제시한다. 그러므로 우리 현대시가 지닌 무모한 율격이나 시적 주제의 미숙성 또는 혼미성을 극복하는 데 따른 주제시로서 확실한 언덕이 형성된 셈이다.

■ 시집 평설을 대신해서_諷詩調에 대한 사계의 견해

풍시조 읽기

문효치(전 문협 이사장)

　박진환 시인의 諷詩調를 읽었다　풍시조(諷詩調)라는 낯선 이름에 대하여 저자는 풍자시를 줄여 풍시라 하고 거기에 무슨무슨 투나 태도의 뜻으로 조(爪,調)를 붙였노라고 설명하고 있다. 그러니 諷詩調의 본질은 풍자시일 듯하다.
　우선 재미있다. 식상한 이미지들의 나열이나 아니면 거의 산문화 되어버린 요즘의 시들에 입맛을 잃었는데 이 諷詩調는 매우 신선한 재미를 느끼게 해 준다.
　세상은 부조리와 불합리와 부정 불의 등으로 가득 차 있다. 이러한 세태가 우리를 짜증나게 하고 화나게도 한다. 살맛을 잃게 한다. 정말 살맛을 잃게 하는 재미없는 제재를 박진환 시인은 재미있는 시로 만들고 있다.

　핵, 우리도 그간거있어 펑펑터지는 국제특허품 不字標 핵 있어
　　　　불평등·불공평·부조리·부정부패·부동산 투기까지

건들면 폭발하는 순 국산 不字標 핵 있다고, 까불고 있어
―「까불고 있어」 전문

불평등 불공평 부조리 부정부패 부동산 투기 등 우리사회에 만연한 부정적 요소들, 이것들은 가히 우리 사회를 파괴시킬 만한 위력을 가지고 있다. 정말 심각한 문제다. 이런 사항들을 '不字標핵'으로 둘러댄 그 재치가 재미있다. 그래서 이 시를 보면 일단 웃음이 난다, 진짜 핵을 '그깐거' 라고 대수롭지 않은 존재로 봄으로써 '不字標 핵의 위험성을 한껏 고조시켜 놓았다. 내용은 매우 심각한 문제성을 가지고 있지만 표현된 말들은 우리를 재미있게 해 준다.

'까불고 있어'라는 끝절은 상대방(진짜 핵을 가진 자)에게 눈을 흘기며 짐짓 어깨를 으쓱거리는 모습을 떠올리게 해 준다. 다소 장난기가 보이는 모습을 연상하면서 시인의 재치를 다시 한번 실감케 해 준다.

이러한 부조리 불합리한 사태를 능란한 솜씨로 비꼬고 농락함으로써 독자들은 후련한 카타르시스를 느낀다. 내가 미처 하지 못한 앙갚음을 대신 갚아 주는 것 같기도 하고 어쩌면 내 심정을 잘 알아주는 것 같기도 하다.

이 책은 멸시 분노 증오의 정서를, 비꼼 냉소 조소 조롱 역설 등의 언사로 가득 채워 놓았다. 그러나 궁극으로는 교정·교훈의 의지가 숨겨져 있다.

뭐라구라우, 사람 낳고 돈 낳제 돈 낳고 사람 낳다구라우

> 허허 이 양반 순 구식이네
> 신식으론 돈 낳고 사람 낳제, 사람 낳고 돈 낳고가 아니여
> ―「뭐라구라우」 전문

돈 낳고 사람 낳은 것은 불변의 진리이다. 그러나 신식으로는 돈 낳고 사람 낳았다고 큰소리친다. 그러나 이것은 역설이다. 화자가 진짜로 하고 싶은 말은 이른바 구식인 '사람 낳고 돈 낳다'는 말이다. 이것이 뒤집힌 세상, 전도된 가치에 대해서 일갈하고 꼬집은 것이다. 그리고 그에 대한 반성과 교정을 꿈꾸고 있는 것이다.

삼행으로 압축한 단아한 모습의 시형에도 주목하고 싶다. 말 그대로 촌철살인의 짤막한 말이 감동을 준다. 요즈음 장황한 수다를 늘어놓는 시들이 범람하면서 이렇게 간결한 시들이 그리워진다.

> 나라님 물러나면 낙향하여 통나무집 짓고 시나 쓰며 살겠단 말
> 아무래도 허사같다. 시는 말을 아끼고 줄이는 언어경영인 것을
> 저리 말이 헤퍼서야 어찌 말의 진수에 닿을 수 있을지
> ―「아무래도 허사 같다」 전문

듣기 좋은 수다로 대중들을 현혹하며 실천보다는 말을 앞세우는 정치인을 비꼬며 질타하고 있지만 한 편 짤막한 시론을 엿볼 수 있는 시다. 그렇다. 시는 '말을 아끼고 줄이는 언어경영'인 것이어서 '말이 헤퍼서'는 안 될 일이다.

삼행은 우리의 눈에 익숙하다. 어려서부터 시조를 읽고 배워왔기 때문이다. 물론 시조의 형식에 맞춰 음수율을 조절한 것은 아니지만 그 속에 기승전결의 구조를 가진 것들이 많은 것도 이해하기 쉬운 대목이다.
 지금이 바로 이러한 시들이 필요한 시대인 것 같다. 잡지마다 넘쳐나고 있는 산문조 요설이 시성(詩性)을 잠식하고 있고, 그리고 비꼬고 조롱하고 비난하고 질타해야 될 일들이 많은 세상일수록 그러한 세태를 지적하고 경계하며 교정해야 하기 때문이다. 시가 궁극적으로는 인간을 위하고 옹호하는 것이라면 시가 이러한 일에도 적극 관심을 가져야 할 것으로 생각한다.

■ 시집 평설을 대신해서_諷詩調에 대한 사계의 견해

諷詩調에 나타난 형이상시의 수사법

최규철(시인·문학평론가)

들어가는 말

 어느 사회학자는 '농경사회의 삶이 시간 잉여(時間剩餘)의 시대였다면 오늘날과 같은 정보화 사회는 시간 기근(饑饉)의 시대라'했다. 그것은 그 정도로 오늘의 시대가 시간에 쫓기며 살아가는 고속화 시대를 맞이하고 있다는 것이다. 따라서 이러한 고속화 사회에 사는 현대인들의 문학작품에 대한 선호도 역시 장편소설보다는 단편소설을, 장시보다는 단시를 더 선호하는 경향이 있다. 특히 시에 있어서 현대인들의 구미에 맞는 시는 짧으면서도 그 속에 다분한 내용을 함축함으로써 큰 감동을 주는 시라 하겠다. 이런 시대적 요구에 부응하는 시가 바로 박진환 시인이 착안하고 시운동을 전개하고 있는 諷詩調이다.

 諷詩調의 기법은 형이상시의 레토릭(rhetoric)과 흡사한 면이 많다. 컨시트의 기발한 지적 놀라움, 서로 상반된 양극화의 결합과 그 조화, 역설과 반어(反語), 시의 순수한 통징을 통한 내적 울분의 해소와 사회 구조악(構造惡)의 개선 등이 바로 그것이다.

특히 3행시의 짧은 글 속에 함축된 내용과 그 여운을 담기 위해서는 압축적이고 생략적인 구문이 필요하다. 따라서 각 행의 전환 및 반전이 빠르게 전개되는 특색이 있다. 이것은 양극화의 긴장이 팽팽할수록 행과 행의 전환속도가 빠르고 생략과 압축의 미학이 더욱 살아난다.

필자는 그동안 지면을 통해서 3. 4회에 걸쳐 언급해온 諷詩調 시학에 대한 이론을 총괄하고 종합하여 주로 諷詩調의 형이상시적 유사성과 레토릭(rhetoric) 기법의 측면에서 접근해 보고자 한다.

1. 諷詩調의 순수한 통징

諷詩調는 일종의 풍자시의 성격을 띤 시라 하겠다. 풍자시의 사전적인 정의는 부정부패와 비리 현상과 모순 등을 다른 사물에 비유하여 폭로와 공격 일변도의 시를 말한다. 즉 풍자시라고 하는 한자가 풍자할 풍(諷) 찌를 자(刺)로 명시한 바와 같이 모든 죄악상을 어떤 사물로 빗대어 찔러 고통을 가하게 하는 일종의 보복성을 뜻하는 성격을 내포하고 있는 시가 대부분이다. 그러나 諷詩調에서 말하는 순수한 통징의 주된 목적은 諷詩調를 통해서 죄의 아픔을 느끼게 할 뿐만 아니라,

뉘우치고 돌이켜 새롭게 변화하게 하는 데 주력하는 시의 기능을 말한다. 다시 말하자면 죄의 부패성에 대해서 단순히 찌르고 고통을 가하게 하는 데 그치는 것이 아니라 메스를 가하고 수술을 함으로써 병을 낫게 하는 데 그 목적이 있음을 말한다.

그러나 여기서 주의 깊게 보아야 할 것은 수술을 가하되 고통을 없애게 하기 위해 마취제를 동시에 투여하는 방법을 취하고 있다는 사실이다. 즉 유머를 통해서 웃음을 주고 즐거움을 줌으로써 그 고언을 달게 받아들이고 소화시킬 수 있는 기능을 지녔다는 것이다. 諷詩調의 통징이야말로 우리의 뇌에서 일종의 모르핀이나 엔도르핀과 같은 호르몬을 분비하게 함으로써 무통수술을 하게 하고 오히려 미묘한 시적 희열을 주게 하는 절묘한 수술비법을 의미하고 있다. 諷詩調의 작가들은 이런 諷詩調의 순수한 통징의 특성을 숙지하고 이러한 순수한 통징의 기능을 살리는 데 노력해야 할 것이다. 諷詩調에서 이러한 순수한 통징이 살아있지 못한다면 그것은 諷詩調로서의 시적 역할을 다한 시라 볼 수가 없다. 諷詩調의 생명이 바로 여기에 있다 할 수 있기 때문이다.

참으로 諷詩調의 순수한 통징이야말로 오늘과 같은 종말론적인 징조를 토로하고 인류의 구원을 갈구하게 하는 시대적 사명의 성격을 띤 시라 하겠다. 현대사회는 갈수록 첨예한 양극화 조성으로 인한 양자구도의 대립상이 심화되고 있다. 오늘날 정치 경제 사회 문화 전반에 걸친 인류사회의 갈등과 분쟁이 바로 이런 극단적인 양극화 현상에서 오는 결과라 하겠다. 그렇다면 현대시가 어느 때까지 이를 외면하고 오히려 음풍농월(吟風弄月)만을 일삼아야 하겠는가. 시가 인생문제로 깊이 들어가서 이런 양극화 문제를 해소하고 하나로 융합하는 화해와 일치의 시학으로 발전해가야 할 것이 아닌가. 그러한 의미에서 諷詩調 운동의 필연성이 강조된다.

더욱이 환경오염으로 인한 생태계의 훼손과 대기오염으로 인한 오존층의 파괴, 그리고 지구 온난화에서 발생하는 엘니뇨현상 등으로 인류의 생존 문제에 심각한 적신호가 켜있다. 이런 각박한 상황에서 탈출하기 위한 녹색시학 운동의 전면에 諷詩調가 자리하고 있음을 알 수 있다.

시인은 예언자적인 예리한 눈을 자지고 미래사회의 변화를 직시하면서 오늘의 잘못된 과오를 지적 감동을 통해서 깨닫게 하는 순수한 통징에 무한한 관심을 쏟아야 한다.

> 세상이 왜 이러나 유행병처럼 자살·자살·자살
> 마음 한 번 고쳐먹으면 살자·살자·살자가 되는데
> 뭐 그리 좋은 거라고 일편단심 자살이람
> — 박진환의 「뭐 그리 좋은 거라고」

한국인의 자살률이 OECD 30개 회원국 가운데 1위를 기록하는 불명예를 안고 있다. 연예계의 인기 스타들과 대기업의 총수들이 잇따라 자살을 하고 심지어 전직 대통령까지도 스스로 목숨을 끊음으로써 사회적 충격이 크다.

박진환 시인의 諷詩調「뭐 그리 좋은 거라고」는 1행의 자살·자살·자살'이라고 하는 부정적인 죽음의 개념과, 2행의 '살자·살자·살자'라고 하는 긍정적인 생명의 개념을 양극구도로 서로 거꾸로 뒤집어 대치해 놓음으로써 기발한 위트와 유머를 돋보이게 한다. 이러한 諷詩調의 기능이야말로 격한 자살충동을 완화시켜 줄 뿐 아니라 생에 대한 강력한 의욕까지도 유발하게 하는 시적 감동을 가능케 한다. 여기서 諷詩調의 풍자 속에 담고 있는 간절한 회심에의 바람이 '마음 한번 고쳐먹으면'이란 말로 표현되고 있다. 이것이 바로 諷詩調가 지닌 순수한 통징의 힘이다.

　　　　　　피를 빨아 먹는 모기 잡는데 의견이 분분하다
　　　　　　정치가 어떻고 법이 어떻고 대통령이 어떻고
　　　　　　입으로 모기 잡나? F킬라를 뿌려야지
　　　　　　　　— 박진환의「입으로 모기 잡나」

　이 시는 그 제목부터가 웃음을 터트리게 하는 유머가 있어 마음을 끈다. 이 시 속에 감추어 있는 암시성과 시사성(示唆性)이 모기와 F킬라라고 하는 기발한 메타포를 통해서 큰 감동을 준다. 정계와 법조계의 부패상을 바로잡는, 즉 '피를 빨아 먹는 모기를 잡는데'에는 입으로 하는 설왕설래(說往說來)로써는 근절될 수 없다는 것이다. 특히 수사법 중에서 변화법의 하나인 '입으로 모기잡나?'라고 하는 설의법으로써 F킬라라고 하는 정답을 독자에게 물어 찾아내게 하는 레토릭으로써 스스로 개혁의지를 촉발하게 하는 순수한 통찰이 돋보인다. 찌르고 자르고 쪼개는 메스질이 가해짐에도 불구하고 뇌에서 분비되는 모르핀을 통해서 즐거운 마음으로 웃고 수긍이 가능케 하는 회심과 변혁의 비법이 있다.

2. 諷詩調가 갖는 컨시트의 특색

 형이상시의 컨시트(奇想, conceit)는 형이상시의 특징 중에서 가장 중요한 특징의 하나라 할 수 있다. 외견상 전혀 유사성이 없거나 상반되고 양극화된 사물이나 상황들을 재치 있고 기발한 방법으로 결합하여 소위 사무엘 존슨(Samuel Johnson)이 언급한 '부조화의 조화'를 이루게 하는 비유적인 수사법을 말한다.
 그러나 諷詩調에서 보여주는 컨시트의 특색은 형이상시에서 말하는 그것과는 사뭇 다른 양태의 컨시트를 볼 수 있다. 3행시 구문의 생략적인 특성 때문에 행과 행, 낱말과 낱말, 심지어는 문자와 문자로부터 서로 상반된 사물이나 개념의 명칭과 발음 등을 찾아내고 거기서 특별한 의미성을 유추하여 또 다른 의미를 창출해내는 언어유희적인 기발한 컨시트를 선보이고 있다. 이런 관점에서 볼 때 諷詩調의 컨시트는 단순히 두 가지 사물이나 개념을 교묘하게 결합하여 뜻밖의 유사성을 찾는 기존의 형이상시의 컨시트와는 다른 특성을 지니고 있다고 하겠다.

> 대통령 국정평가 잘했다가 44.2%, 못했다가 41.1%
> 　　　　막상막하, 정치란 게 그래
> 　　　　上 뒤집으면 下 되고, 下 뒤집으면 上 되거든
> 　　　　　　　　　— 박진환의「物神時代·216」

　국민이면 누구나 알게 모르게 다 정치에 젖어 살면서 나름대로의 정치철학, 내지 생활철학을 가지고 있다. 그래서 3행에서 '정치린게 그래'라 토로한다. 이런 지적 깨달음을 풍자적으로 소화시켜 표현하기란 그리 쉬운 일은 아니다. 이런 이유 때문에 민감한 사안을 받아들여 유머로 웃어넘길 수 있고, 감동 받아 깨달음을 갖게 하는 諷詩調의 기법에 주목할 수밖에 없다. 그래서 諷詩調가 지적이며 문화적인 통징을 가져오게 하는 첩경이라 여겨진다.

　이 시에서 놀라운 기지의 발산은 2~3행에 있다.'막상막하, 정치란게 그래 / 上 뒤집으면 下 되고, 下 뒤집으면 上 되거든'에서 '막상막하(莫上莫下)'의 上과 下의 문자를 세웠다 뒤집었다 하면서 요동치는 정치판의 불안정성을 꼬집는, 재기(才氣)가 번뜩이는 컨시트를 선보이고 있다. 여기서 다만 上·下라고 하는 양극성의 문자를 가지고 세웠다 뒤집었다 하면서 엉뚱하게 결합한 결론이 「정치란게 그래」로 귀결한다. 이렇게 諷詩調의 컨시트는 동떨어진 개념이나 이미지를 결합하는 데 그치는 것이 아니라, 서로 상반된 단순한 두 개의 문자로써 새로운 제3의 개념을 형성하게 한다. 이런 관점에서

諷詩調의 컨시트는 보다 다양하고 발전된 성격의 것이라 볼 수 있다.

> 박지성·박주영의 꼴은 오 코리아
> OECD국 중 환경평가 맨 꼴찌의 꼴은 어이쿠 코리아
> 둘 다 꼴은 꼴이다마는 뒤에 꼴은 노꼴만도 못해서
> ― 박진환의 「物神時代·191」

지금 지구촌은 환경오염으로 인해서 점차로 죽어가고 있는 실정인데 우리나라가 OECD국 중에서 환경평가 최하위라 한다. 이 시에서는 이런 실정을 풍자적으로 꼬집고 있는데, 1~2행에서는 축구의 '꼴인'과 환경평가의 '꼴찌'란 서로 유사성이 없는 언어들을 관련 지워 '오 코리아'와 '아이쿠 코리아'라는 서로 반대되는 개념의 언어로 대비시켰고, 3행에서는 꼴찌의 '꼴'을 '노꼴'이라는 상충·상반되는 개념과 연관시킴으로써 '둘다 꼴은 꼴이다마는 뒷엣 꼴은 노꼴만도 못해서'라는 순발력 있는 기지(wit)를 보여준다. 동시에 더 나가서는 축구의 '꼴'과 환경평가 꼴찌라는 '꼴'의 두 글자들을 교모하게 결합한 諷詩調의 컨시트의 진수를 보여주고 있다.

3. 諷詩調의 양극화 기법

또 한 가지 諷詩調에서 가장 두드러지게 나타나는 특징 중의 하나가 양극화 현상이다. 그러기 때문에 諷詩調의 컨시트

는 동떨어지고 상반된 가장 먼 거리의 양극성을 폭력적으로
결합하는 과정이나 패러독스와 아이러니의 양면성에서 오는
강한 텐션이 諷詩調로 하여금 그만큼 응축된 의미의 비유가
되게 한다.

    걸핏하면 여・야 율사들 발목잡느니, 발목잡히느니 해쌌는디
    뿌리치고 혼자만 가려고 하니 그러지, 동행해봐, 왜 발목잡나
    잡혀 부러지면 목발신세 못면해, 발목 거꾸로 해봐 목발이지
            — 박진환의「발목 거꾸로 하면 목발이지」의 전문

  분쟁과 불화의 결과가 발목이 목발로 바뀌는 기발한 발상,
곧 생명체를 비생명체로 둔갑시키는 대담한 컨시트의 수사법
이 놀라움을 준다. 그 외에도 여・야 율사들, 발목잡느니 발
목잡히느니, 발목과 목발 등의 양극화가 이 諷詩調 전면에서
팽팽한 긴장을 조성시켜주고 있다, 거기다가 본래 여・야가
대치하는 정치구도, 그것만으로도 양극의 역학관계를 유지하
는 긴장상태인데 여기에 분쟁과 충돌이 생기면 발목이 목발
이 되는 더욱더 팽팽한 긴장관계를 촉발한다. 그래서 이 諷詩
調는 웃기면서도 여・야가 정치적 협력관계를 잘 유지해야만
나라가 산다는 통징적인 메시지도 담고 있는 시이다.

    악법・약법, 청문회, FTA로 여・야 붙어도 한판 크게 붙겠다
    탓하지 말 것이 싸워야 국회답지 잠잠하면 그게 더 두려워
    마찬가지야, 아이들도 싸움질하면서 크지 않던가

— 박진환의「아이들도 싸우면서 커」

이 諷詩調는 빈번히 일어나는 국회의원들의 성숙하지 못한 의결과정에서의 난투극을 한 마디로 꼬집은 시이다. 아이들이 싸우면서 커가듯이 국회의원들도 싸우면서 커가야만 하는가 하는 시인의 통탄이 곁들어있는 시이다. 가장 성숙해야 할 국회의원들과 가장 성숙하지 못한 나이인 어린이들의 양극현상을 동류부류로 간주하여 이질성 속의 유사성을 찾는 시인의 기지가 번쩍인다. 여기에는 양극간의 이질성이 유사성으로 바뀌는 과정에서 서로 잡아당기는 강력한 텐션도 드러나 있다. 「싸워야 국회답지」에서는 국회가 싸움판이 되어서야 되겠는가 하는 아이러니의 성격을 띤 레토릭도 있고 국회가 변화되기를 촉구하고 갈망하는 통징도 들어있다.

4. 諷詩調의 구조와 그 전환속도

형이상시에서와 마찬가지로 諷詩調에서도 생략된 구문을 씀으로써 의미의 탄력과 밀도를 더하게 하고, 또한 집약적 표현으로써 시의 단축을 꾀하는 기법을 강조한다. 그 결과 시 전개과정에서 그 전환 속도가 빨라지기 마련이다. 그래서 시의 구조가 3행시로 되어 있고 따라서 행의 길이가 짧으면 짧을수록 생략적 효과가 살아나서 함축성이 있는 시가 된다.

諷詩調는 평시조(平時調)와 같은 초장 중장 종장의 3행 형식의 구조이면서도 3장 6구 12음보의 정형시에 매이지 않은 자유시요, 동시에 평시조보다 더 빠르고 생동감이 있는 기승전결(起承轉結)의 전개가 있다. 따라서 諷詩調의 함축성과 텐션을 살리기 위해서는 될 수 있는 대로 행의 자수(字數)를 줄이고 생략하는 것이 좋다.

> 침묵이 金이라고? 순 구식
> 요즘 세상에선 말 잘해야 출세해
> 신식으론 침묵은 禁이야
> ― 박진환의 「침묵은 禁이야」

1행의 金이 3행에서는 禁으로 바뀐다. 1행에서 침묵은 金이란 말은 구식이요, 3행에서는 침묵이 禁이란 말로 바뀐 것이 신식이라는 것이다. '요즘 세상에선 말 잘해야 출세해'라는 새로운 진리(?)를 발견하고 시대와 더불어 급속히 변하는 처세술의 격세지감을 실토한 시라 하겠다. 또 이 시 속에는 침묵이 금(金)이었던 옛 시대가 참이요 말을 잘해야 출세한다는 현 시대가 잘못된 것이라는 시사성(示唆性)이 들어 있다. 諷詩調가 그 짧은 시로써 현시대의 많은 모순과 부조리를 다 압축하여 표현할 수 있는 것은 오로지 3행시 속에 짧은 행으로 모든 것을 소화시킬 수 있는 수용성(受容性)과 빠른 전환기능을 지탱할 수 있는 메커니즘에서 온 것이다.

> 銅臭에 코피터진 놈이

> 銅醉로 게워내는 주정
> 뭘 쳐다봐, 너나 나나 다를 것이 없는데
> — 박진환의 「物神時代·68」

이 시는 銅臭와 銅醉를 병치하고 3행에서 '뭘 쳐다봐, 너나 나나 다를 것이 없는데'로 동류화((同類化)시킨 해학적인 기법이 눈을 끈다. 銅臭란 말의 뜻은 돈으로 출세를 하려고 하거나 모든 것을 해결해 보려고 하는 물신주의자들을 낮잡아 하는 말인데 오늘날은 술로써 출세를 하려고 하거나 모든 문제를 해결하려고 하는 銅醉도 많다는 것이다. 銅臭와 銅醉의 내용이 담고 있는 절묘한 조화가 압축되어 이 짧은 諷詩調 한 편을 창구로 하여 오늘의 모든 시대상을 한 눈으로 볼 수 있다.

그러나 풍조시에서 행의 자수를 줄이고 표현의 생략적인 효과를 극대화하려는 경제적인 언어구사는 아무나 할 수 있는 것이 아니다. 허다한 諷詩調에서 발견할 수 있는 것은 행이 짧으면 그 표현과 의미성도 부실한 경우가 많다는 것이다. 따라서 諷詩調는 자수(字數)를 최소화하면서도 그 함축성을 최대화할 수 있는 기법이야말로 바로 諷詩調의 완성도를 높이는 첩경임을 알게 된다.

맺는 말

이상과 같이 諷詩調에서 보이는 수사법상의 기법이 형이상시의 그것과 유사한 점이 많다는 것을 알 수 있다. 그러나 그 구조적인 측면에서 볼 때 형이상시보다는 시가 짧고 컨시트도 형이상시보다는 언어유희의 측면에서 독특하고 문자유희의 면에서도 독보적인 경지를 보이고 있는 시라는 것이다. 諷詩調의 대부분이 명확한 양극화 구조로 되어 있고 상반되고 동떨어진 개념이나 사물을 결합하여 부조화의 조화를 이루고 있다. 또한 3행시의 짧은 시로서 생략적이고 압축적인 기법을 통해서 고도의 밀도감을 조성하기 위해 언어와 언어, 행과 행을 교합하여 전개되는 전환속도가 유달리 빠른 것도 그 특징 중의 하나라 하겠다. 이런 시의 특징 때문에 앞으로 諷詩調가 우리나라 문학의 한 장르를 이루고 발전하여 보다 큰 문학성을 발휘하는 날을 기대하여 마지않는다.

조선문학사시인선 969

諷詩調詩集 · 468

시의 복수 · 16

2025년 2월 20일 인쇄
2025년 2월 28일 발행

지은이 / 박진환
발행인 / 박진환
펴낸곳 / 조선문학사
등록번호 / 1-2733
주소 / 03730 서울 서대문구 통일로 389(홍제동)
전화 / 02-730-2255
팩스 / 02-723-9373
E-mail / chosunmh2@daum.net

ISBN 979-11-6354-342-8

정가 10,000원

※ 인지는 저자와 합의 하에 생략
※ 잘못된 책은 서점에서 교환해 드립니다.